Sr. Marcos. Dos. S...
Nascimento.
. Deficiente!

Os. Pensamentos.
De.
. Uma.
. Mulher!

Todos os dias era as coisas que certamente
não aconteciam por causa que tinha sempre
uma pedra no (caminho) enrolada sempre em
surpresas que cumpriam cada dia um tipo
de enrolação como entendesse então refletir
mais bateria encaminhar coisas em mim
como meus, tipos de emoções que eram o
tipo certo para cada ocasião eu sempre
entrava e certos momentos que colocavam

não entrasse dentro de mim mesma tudo?

Parecia tão longe de entrar e se ver
minhas, coisas então era então
tinha que tentar me olhar e refletir o
que eu era, na verdade, mas era um
tipo de fuga mais errado da minha parte
não sabia o que pensar agora, mas
enrolava pelos cantos de minha casa,,
porque eu tenho o momento certo
para casa Realismo que ficava só
me apertando entrando que era só?

Isso que me faltava saber porque
eu tinha. alguns tipos de medo não
por tentar desenvolver isso às vezes
bastante palavras fortes, mas
sempre eu tinhas, meus, piores medos
que era tentar sentir algo a mais, que
tentasse mudar a minha forma de agir
profundamente como sabia que era
errado, mas as palavras ainda não
tinham posto mais elevado que entrava?

Somente momentos que tinha que
não leva muito a sério na minha
verdade podia acreditar que isso é
o que me derrubava mais era uma
mulher muito vaidosa, mas
secretamente não tinha. as
validades completas que fazia o que
eu sonhasse liberasse a minha.
vontade de tentar
compreender os meus passos
verdadeiramente, mas ficava tudo?

Em relações que não eram
minhas. partes, mas fracas que eu
tinha eu nunca percebi que tipo de
pessoa eu era, na verdade, mesmo
era da mulher mais difícil para
compreender somente as fagulhas
que existia dentro de mim nesse
momento tão triste eu em
encontro, eficientes no (momento) estragada
de toda vida que tive?

Nunca pensei que eu frequente navegar
em meus. pensamentos quando eu
ainda tinha as partes que me doía
tanto time sufocava pelos cantos
como não fosse ninguém tentei se
abrir, mas quando vier o tamanho
da emoção ela tomava conta em
mim, jogava na parede cerca de
muitos metros sim prima enrolava
grandes pensamentos que eram?

Distantes todas às vezes isso me
agradava mais tinha. ainda o que
pensar que ainda não era o
mesmo caminho focalizado na
mesma hora era algo mais que
meu corpo eu precisava algo para
despertar e também não tinha os
momentos certos para sentir era
como o de se sentir somente
em outros tipos de horas que brigava?

Tão firmemente eu desesperava
tanto com isso que parecia que
era todo dia meu filho quando vim
as mesmas ações mais grandiosas
de meus pensamentos mais
secretos eu ainda não entendi por
que, mas ficava tão desesperada
entrando em meu tipo de pessoa
naquela hora sabia que é os tipos
de durações, mas em?

Calculados que se tornavam horas
e horas que não tinha as pequenas
reflexões que ainda eram como eu
não poderia tentar sentir mais porque
ficava somente eu e os meus
pensamentos mais profundos
naquele momento tão angustiante
que não sabia como definir tal
momento que ainda sinto quando às
vezes no escuro tem quadros que se?

Encaixam dentro de mim, eram mais
para me ficaram dentro de um
quarto isolado sem ninguém
entrando os meus transes não sabiam
onde tinha que uma saída era tudo
tão real que parecia mais o meu filho
explicava que tudo era capacidade
da minha mente, mas sentir as dores
que eram mais terríveis do que
certamente uma TPM ou uma cólica?

Sabia que não era algo normal
quando descobrir que era um
líquido que me formava eu fiquei
desesperada conforme todos eu
pensei que isso ia acabar, transformava

todo momento tinha,

mas de sejamos cegos, mas a mais
pontos de líquidos que era algo que
não tinha mais o que falar e tratava
mesmo das minhas vontades?

Sexuais que eram o que eu não tinha procurado, mas fiquei entendendo o porquê que meus hormônios ficam tão agitados era a forma de como eu sentia tal vontade, mas nunca era liberado por que não tinha ninguém que pudesse compreender o lado que eu sentia só tinha o lado que eles sentiram que era o despejo dos?

Esperar, mas dentro de mim, mas
se eu fosse sentir algo a mais
tinha que entrar no chuveiro de
ficar sozinha durante o tempo para
mim, compreender aonde eu estava
errando e isso era o castigo que
sentia ao longo do tempo agora era?
Talvez o meu filho, mas eu tinha que
levantar somente a cabeça e refletir
que eu era a mulher que eu servia?

Somente para o sexo dos homens
então tempo sentindo
vontades que não era realizado e
nenhuma delas, mas tinha que
obrigar o ser obrigada a sentir algo
que todo tempo tinha que virar o
rosto para falar que sente algo, mas
não era todo tempo assim era como
saber que o seu próprio sexo Só
servia pra uma pessoa entendendo?

Os fatos que eu encontrei em meu
pensamento diário eu sou fogo era
tanto que às vezes não tinha mais
o que pensar sobre a respeito disso,
mas simplesmente tenho o que ainda
penso sobre dar-me era como
caquinhos que tinha que pegar
depois de uma relação que só tinha
uma (acompanhamento) de um sentido
só poderia ser oh? For me sentir, mas?

Isso era provavelmente a sequência
somente tinha que sentia o tipo de
redação perfeita que eu sou brava
pelos cantos entendia que isso era
somente algo que toda mulher ia sentir
porque os cantos eram meus vazios
meus cantos minhas moradas dos?
Confins dos meus sacrifícios que
entender mais isso me levava
somente a loucura a cada dia mais?

Não sabia onde encontrar mais a
mim mesmo por isso aguentar
durante todo tempo, mas tenho
que seguir isso é o sacrifício de
toda mulher ser uma escrava sexual
porque não tenho o porquê
sentir mais coisas é somente para
montar uma família e entender que
meu lado não queria ser preenchido
mesmo sendo mulher eu ia me?

Entrarei todinho tudo, tempo as atenções
eram sempre algo que ficava todos
os dias eu tinha que ter um amigo,
mas os amigos que eu mesmo fico
entendendo pode ser o tipo de amiga
aqui nunca vai entrar em mim e me
fazer sofrer do jeito que ainda tem o
tipo de reações que costumam ter
quando certamente não entendo que
às vezes fica mais estranho ficar Cada?

Noite era o embaraço por que eu
tinha casado momentos em cada
horas, diferente encontrava somente
isso para mim, alcançar isso era
meu repertório com que cada noite
era algo para me sentir e ver os
meus sentimentos que eram não
capacitados somente ao brilhar
cada noite escura?
Porque durante o dia não tinha?

Só empolgação poderia ser como a
idade da loba A Loba sai durante
a noite para caçar e mesmo sentindo
sintomas era tão difícil quem tivesse
perto e sente ciúme mesmo carinho
ficam-te carência que só dava mesmo
em mim nas mesmas horas que
passava Era mesmo no dia certo que
tinha ido nos desejos que eram
incontroláveis porque os tempos que?

Eu sentia fazia com que meu corpo
não entendesse sozinho minhas
vontades que era tão ofegante
marcar casa cada pedaço que eu
tinha dentro do meu próprio corpo
eu me lembro de costumo ter essas
vontades, na verdade, com o rosto às
vezes chorar porque não tem ninguém
com quem possa dividir este tipo de
carinho que eu tenho comigo os?

Momentos mais sensíveis de uma
mulher pode ser o tempo inteiro
passa tem que sempre Tentar algo
a mais para passar o tipo de
sofrimento se você momentânea
na mesmo (tempo) atingindo somente
a área que observo que não tenho
sentido para reabrir a minha vontade na

felicidade incomum sempre é mais que

eu consigo entender que como

Alguém que sinto por dentro, mas não
tem a certeza de quem que é ao que
sentir no mesmo tempo as (partes)
estranhos que tenham que entendo
de todos os tempos pareciam não ter
fim, mas quando tem meu corpo começa
a se tremer todo não entendendo o
porquê ainda sofro com essas vontades
estranhas que vem, parece que estou
grávida, mas não é a gravidez que me faz

Agora essa tortura que me intriga
que entra dentro do meu ser e faz
com que eu tenho que ter alguém
sempre que combine com cada
expressão que tenha porque às
vezes tem que adivinhar os meus
pensamentos são muitos que tenha
um tipo de habilidade para tentar
adivinhar quando eu sinto as minhas
vontades e quando elas são realizadas?

Respira nas durante o dia tudo que
consigo engolir som as grandes
tarefas os que fazer continuando
estrada vai aparecer minha parte pior
que esconder o que realmente entendo
tudo encontrado em mim, mas
somente correr como um rio que vai
ceder a vários tipos de momentos
que eu vou ter durante toda minha
vida mesmo encostada no travesseiro

Ainda tem o Conforto de chorar
livremente só quando eu não sou
percebido tenho mesmo emoções
que sorte porque não consigo
entender porque não solta quando
estou tendo as minhas próprias relações

sexuais são uma mulher
presa que fica diante de uma cadeia e
conheço todos os meus erros entendem
clareza total de como eu ainda se

Esforça para ver somente as minhas?
Faces que são muitas não consigo
expor por tanto tempo
a minha realização que são poucas
sinto falta de muito que tem me
acontecido, mas só nos sonhos
realmente que se sinto tão bem?
Onde eu posso, entenderá Meus
movimentos que são muitos a partir
de cada parte que ainda é um meio?

Mais intenso sobre um castigo
toque que são o castigo que
me venha a minha mente quando
estou só e aparece que eu me
sinto mais um ato de prazer quando
as razões fogem do controle e
vendendo que, na verdade, às vezes
quero alguém que faça eu pegar
fogo quando não tem ninguém para
ver alguém que seja tão corajoso?

Mais que minha simples, perguntas
que são cada vez mais pesadas
comigo mesma só vai tentar atrair
alguém tem algo interessante que
eu sinto e me desperte o desejo que
ainda tem espaço dentro e meu coração
enfrenta os castigos que ainda
ficam de cada lado entendendo que
meu tipo de sedução não é o tipo que
dá mais calor às vezes que eu te sinto?

Imprime
todas as pernas os braços e
peitos, mas é algo que ainda
sim sinto dentro | Faz entender
o que pensar agora todo mundo
está dormindo enquanto eu sinto
alguém não realizada que vai
jogando somente às traças essas
meio infeliz, mas feliz só porque
tenho filhos que ainda eu entendo por?

Partes Vamos combinar para sempre
por tentar sentir alguma coisa por
alguém
que realmente aí eu vou ver somente
meus pensamentos durante todo o
tempo e eu só terei tempo quando
estiver sozinha pensando estranhando
às vezes quando eu fecho os olhos eu
penso que estou com alguém que possa
me dar segurança vai intender?

O porque ainda sofro as partes piores
do meu esforço tem que conhecer
sua mente o meu corpo que fica quando
acende a chama Então esse é o momento
que tem umas, particular que parece

mais um vulcão que nunca vai se
apagar quando eu tenho realmente os
momentos, mas que firmes que sinto
tem que ter alguém que díspares todo,

dia as minhas vontades que não seja?

Qualquer uma, mas seja alguém que
realmente entendo por meu aspecto
minhas famosas exigências meus lábios começam ficar em outro tempo
a minha
boca parece seca vontade de saber
como que é caiu nos braços de alguém e
sentir algo que ainda penso entrando
somente nos meses mais crises de uma
mulher que ainda tem um calor
despertando fazendo com que todos os?

Seja fora do normal irritando
somente aquém meu corpo
ainda queima sentindo meu prazer
fazendo pequenos toques que me
emociona e faz o que meu corpo
fique fora do meu, mas eu costumo
me controlar para não sair do
controle quando eu vejo Não consigo
dar confiança ao Que ciência porque
tenho medo de sentir algo que possa?

Me envolver para sempre, mas eu "sinto". "e"
sinto sentimento, mas o meu medo é
muito maior do que tudo mesmo que eu
"passo". Mal tudo o tempo ainda foi pensar
entender que tipo de pessoa sentir meu
corpo quando eu ficar ocupada não sinto
vontade nenhuma de se envolver. Com
ninguém porque as minhas tarefas me
fazem esquecer e quem eu "sou" Quando
eu "gosto". De alguém eu "fico" vermelha e
dá para saber que isso é quase impossível é
isso que eu me revelo quando eu
mesmo tenho isso comigo quando eu "fico".?

Vermelha começando da crise de
vergonha em relação e o encontro
a pessoa que olho e penso
entendo que ela pode preencher o
ritmo faz bater mais alto o meu
sentir agora vai enfrentar somente
isso com algumas outras coisas
forem eu entendesse, mas minhas
realizações não são somente isso
eu "carrego". Tipo minhas fantasias são
o me ajuda inventar meus dias, mas

 números durante o dia ainda tenha
mais coisas para fazer são deveres e?

Deveres às vezes quando eu "conheço"
ficar sozinha eu seja meus atos
insanos que começa a entender
atingir os atos que ainda fica comigo,

fazendo o quê O que as, mesmo, saia do

normalmente tudo começa, mas
meus desejos são devagar algo mais
impressionante Às vezes começo a
(rir) sozinha como destino de formas
diferentes vou entender só que aí
muitas coisas a mais em relação a
com eu me enfrentando nos momentos
que tenho guardado tem algumas?

Medidas que entro em Pânico quando
do som, reais da vida de uma mulher
quando "gosto" de alguém eu?

Simplesmente tenho o meu Pânico
total e não consigo olhar para a
cara da pessoa porque ainda fica
meus sentidos fora do normal e
sinto minhas pernas ficarem arrepiada
durante esse olhar e cada dia pode ser
o tipo de usar que eu "vou" guardar para?

Sempre entre muitas outras vezes
consigo molhar a minha calcinha
quando eu "estou" pensando ruim
hein uma pessoa fica somente os
meus pensamentos fazendo com que
eu transpirar mais e vejo um desejo
e sinto de alho a mente por um corpo
que possa me atrai e me fazer na
base mais inteira de mulher as minhas?
Sensações só muito entediantes parece
que vive Branco quase todo corpo
sentindo algo a mais que vai aparecer
aqui estou decolando só apenas de
olhar Vai ficar enfrentando vários tipos
de programas que você mesmo vai criar?

Porque se você ver no normal mesmo
isso vai fazer com que seus próprios
momentos se tornem somente os que
vão ter que horas (efeitos) nas partes
mais críticas e formadas por cada tipo
relativo de informação que vai ser
passada em cada episódio Diário de
você própria comove mais quem não
participantes desses eu filme que começa
se bater e vários lugares não têm a?

Consequência certa de como
enfrentar as piores bases que você
pensa que sentem por quê se tem
questões que já não são mais colocada
para fora tudo que você ocupa
para dentro faz com que você sugere
somente um tipo de mulher que tudo
que entende não coloca para fora isso
se torna algo tão exclusivo nas suas
maneiras boi pensar porque isso faz
com que as outras coisas se tornam
mais não agradáveis fora mais (atrito)

vergonha de entender que você mesmo
posso ir adiante com calma vendo os
obstáculos completos porque isso se torna?

Uma verdadeira arma nas mãos que
não se tenha um, vivos disparos porque
tudo no lugar vai entender que isso vai
ser o clássico eterno tentando desvendar
a onde foi que eu errei o porquê que as
desculpas são sempre as claras, mas
isso vai ter mais puxando desde como
você tem só esse momento para enfrentar
e pensando bem isso vai doer e a cada

pouco o seu limite vai ter funções
conforme momentos de vamos gerar
esse desconforto diário fazendo com que
cada pedaço encontre ainda o seu tipo
de nervoso que vai fazer você espiar
com calma mais entender a outra relação
que você não coloca para fora, mas sente

mais por não saber o que realmente vai fazer agora?